인공위성

최병철 시집

시인의 말

오른손에 나를 들고
나를 찾고 있는 나를 발견한다.
내 안에 있는 나를 찾는 일과
내게 빌붙어 있는 나를 분리하는 일
가출한 나를 찾아 헤매는 일
그렇게 시는
인식하지 못한 나를 찾는 일이었다.

적어도 나에게는

차 례

● 시인의 말

제1부

인공위성 ──── 10

내비게이션 ──── 12

타오르는 침묵 ──── 14

박물관 입구에서 ──── 16

인터체인지 ──── 18

멀미 ──── 20

마네킹의 안부 ──── 22

안전화 ──── 24

실버라이닝 ──── 26

단일 식물의 개화 조건 ──── 28

앉은뱅이 장어집 ──── 30

코스모스 ──── 32

제2부

종이비행기 ─── 36
내가 사는 발라드 ─── 38
빈 병 ─── 40
아바타 ─── 41
압력밥솥 ─── 42
이명 ─── 44
타짜 ─── 46
역류성 불면증 ─── 48
고추를 따다가 ─── 50
구름 유치원 ─── 52
열쇠 ─── 54
후천적 브런치 ─── 56
지폐의 표정 ─── 58

제3부

어묵 ——— 62
건조주의보 ——— 65
싱크홀 ——— 68
배설의 용기 ——— 70
거세 ——— 72
불의 고지서 ——— 74
사발면 난독증 ——— 76
머리핀 ——— 78
세 개의 신호등 ——— 80
냉동인간 ——— 82
막대사탕 ——— 84
편지 ——— 86

제4부

지붕을 이고 사는 목수 —— 88
수채화 그리기 —— 89
개조심 —— 90
라디오 —— 92
마사지 —— 94
닻 —— 96
탁구 치는 자전거 —— 98
꽃게 —— 100
리모델링 —— 102
담배를 키우는 사내 —— 104
야광팬티 —— 106
구멍 난 옆구리 —— 108
사라지는 질량들 —— 110
서리 —— 112

최병철의 시세계 | 김건영 —— 114

제1부

인공위성

　아직은 지구에 더 머물겠다는 딸아이를 대기권 밖으로 쏘아 올렸지요 허공으로 치솟아 오르던 딸아이는 두고 가는 것이 있는지 자꾸만 뒤를 돌아보았지요 못내 빈손이 아쉬워 뭐라도 쥐여주려 했지만, 미리 장착된 강력한 로켓은 아이의 눈빛을 빠르게 거두어 갔지요

　솟아오를 때 들려오던 바람 소리와 마찰열로 한동안 교신에 실패했지요 질량을 느끼지 못하는 지점에 이르러 궤도를 수정하고 자리를 잡은 아이는 지구를 축으로 빙글빙글 돌기 시작했지요 가족들의 공전 주기와 아이의 자전 주기가 같은 적도쯤에서 정지위성이 되어 그리움을 전송하기 시작했지요

　상공에서 보는 지표면은 한동안 달달하고 푸르고 아름답게 보이겠지만 다 전하지 못한 말들은 구름을 만들어 지구를 향해 비를 송신하곤 했지요 그 빗속에는 천둥과 번개가 섞여 있었고 그 아득함 너머로 수신된 뉴스는 원심력을 주체하지 못해 궤도를 이탈한 위성들 이야기로 성층권을 채

우고 있었지요 하늘이 열릴 때마다 우리는 아이가 우주의 미아가 될까 봐 늘 안테나를 높이 세워두고 있었지요

긴 꼬리를 가진 혜성이고 되고 싶어 했던 아이는 홀로 콩나물국밥으로 저녁을 때우면서 우주인이 되어갔지요 지구의 중력으로 적당한 거리를 유지하면서도 무중력 상태의 그리움을 자해하는 날이 늘어만 갔지요 우주에서 살아남는 방법은 중력을 다스리는 것이라 말하던 아이가, 지구를 벗어났다고 생각했을 때 우리 곁에 머물고 있다는 것을 알았지요

내비게이션

　길을 구부려 허리를 졸라매고 사는 날들의 저녁 위로 대륙의 피가 흐르는 당신은 목적지에 한 장의 바람을 깔아 두고 신발 끈을 당겨 묶는다 꼬물꼬물 발가락을 움직이는 당신의 붉은 매니큐어가 길을 더듬기 위해 촉수를 길게 늘어뜨리고

　나보다 먼저 차에 오른 당신의 친절이 바람의 이동 경로를 알려 주면 불투명한 눈빛을 아스팔트 아래에 묻어둔 채 중앙선을 넘나드는 아슬아슬한 주행의 시간들 그 시간에 빨리 당도하기 위해 나는 당신을 열어 가고

　낯익은 길에서도 당신은 지겨워질 만큼 안내를 멈추지 않아 회귀성 두통이 떼를 지어 헤엄쳐 다니는 오래된 해도海圖 속에, 완성되지 않은 해로의 급류를 지나가는 나는, 내 안의 비포장도로를 지나며 조금 흔들렸을 뿐인데

　파도가 일어나서 달리기 시작한다 완벽한 물때는 아니지만 늘 목적지에 안전하게 도착하게 해 주는 당신을 따라 아

스팔트에서 흘러나온 어둠에 맨발을 적시며 나는 흔들리며 허리띠를 한 번 더 졸라매고

  모든 길이 구두를 신고 나서는 것은 아니듯 바람이라고 입력된 목적지가 경로를 이탈하여 돌고 돌아 옛 애인이 사는 집 앞 골목에 이른다면 몇 번이고 유턴을 알리는 당신의 찢어진 목소리가 울리겠지만, 자꾸만 나는 이런 상황들을 회피하고 싶어 내비게이션에 없는 길을 가고 싶어 한다

  뒤집힌 스타킹에 세들은 각질이 경음기처럼 내지르는 소리에 브레이크를 밟고, 편서풍을 타고 동으로 날아가는 나는, 저녁의 반도에 매달린 계절풍 당신은 가슴지느러미를 흘리고 물속으로 돌아갈 때 아무도 모르는 어두운 길 위에 입을 던지고 꺼이꺼이 목 놓아 불러 보는 별빛이다

타오르는 침묵

제발 부탁이야. 손톱을 물어뜯지 마
복종은 복종을 낳고, 분노를 낳고
촛불은 교차로를 돌아 침묵을 운구한다
어제가 벗어버린 마스크와
귀를 막고 입을 가린 촛불은
침묵이 묵인한 폭력으로 활활 타오르는데
이제 와서 우리는 촛불에게 너무 많은 말을 시키고 있는 것은 아닌지
어쩌다 기록해두지 못한 말들은 바다를 표류하고
우리는 배의 수신호를 미리 받아 적지 못해
얼마 남지 않은 배터리의 잔량을 걱정하고 있는 것은 아닌지
마스크로 가린 침묵을 바다로부터 소환할 수 있다면
어둠의 내부에 쓰러진 빛을
일으켜 세울 수 있을 것만 같아
운동화처럼 입구를 가진 도로의 막다른 골목의 끝에 서서
발가락을 세우고 미칠 수는 없는 것
아니, 제대로 미칠 수 있다면

살기 위해 미치는 법을 터득한
저 촛불의 침묵과 어둠은 같은 결을 가지고 있어
병원이 십자가를 짊어지고 있는 것조차
역겨운 모자를 뒤집어쓰고 있는 것 같아
혀가 촛농처럼 녹아내리는 불을 밝히고
우리는 닫고 있던 귀를 대문처럼 열어
밤바다를 녹취한 파도 소리를 광화문 광장에 쏟아부어야 한다
사람을 삼킨 바다는
수많은 발을 삼킨 광장에서
침묵할 수 없는 이유로 촛불을 밝히는 것이다

박물관 입구에서

잊혀진 박물관을 찾았을 때
버려진 폐족의 무덤이 있었다
난폭해지는 방문자를 달래기 위해
입구에는 화장품이 놓여 있고
오로지 거울만이 그곳으로 들어가는 문이라는데

깊은 어둠의 길목에는 영혼의 출입을 막은 테두리
사각이거나 타원의 목관묘가 있다
전생의 전생까지 들여다 볼 수 있다는 맑디맑은 무덤
유물이란 그저 감춰 둔 흉터일 뿐이라
복원할 수 없는 외형들엔
무너진 돌담이라든가
지붕에서 흘러내린 널브러진 기왓장이라든가

박물관에 보관하고 싶은 유물들을 정리해 보는데
손잡이가 삭아 없어진 녹슨 칼로는
토끼 한 마리도 잡을 수 없다는 것을 우리는 알지만
곳곳에 드러나는 순장의 흔적들마저

억울함을 묻은 지 너무 오래된 것들이라
눈높이를 낮추어도 다다를 수 없는 세계다

누군가 도굴한 흔적마저
저 거울 속에는 유적으로 남아 있는데
내가 발굴하고자 하는 유적은 바람의 끝에 있고
내가 빠져나온 거울은 내 묘지명의 일부인데

유물은 기억하지 못하는 것을 기억하지 않으므로
박물관은 결국, 나를 지울 것이다

인터체인지

어둠이 빛을 운전한다는 사실을 우리는 안다

바지처럼 펼쳐진 도로의 봉제선 안으로
수선하지 못한 풍경을 가르며 질주하는 자동차
가끔은 벗어던지고 싶은 길

가속페달을 밟고 싶은 지점에서
점점 얇아지고 점점 넓어져서
우리가 진정 펄럭이고 싶을 때 어김없이 나타나는 장례식장
빛이 머물다 되돌아가거나 길을 잃고 미아가 되는 곳

어둠이 먹지로 다가올 때
불빛은 송곳처럼 망자의 닳은 구두를 복사해 간다

얼마나 빨리 달려왔으면 이 시간에 당도할 수 있었을까
점점 빨라지다 속력이 없어질 때를 과속이라 말한다
과속은 시간을 절약하는 것이 아니라 과식하는 것

그리하여 과속한 자는 시간을 탕진하고
고속도로 출구를 나와 핸들을 꺾는다
최고의 속력에서 모든 세상은 멈춘다
생필품 같았던 나의 시간도
누가 쓰고 버린 중고품처럼 세상에 남겨질 것이다

어둠이 운전대를 잡는 밤길
발바닥의 온기가 빠져나간 검은 구두 한 켤레가
상향등 켜고 달린다

멀미

파도가 넘기지 못한 길을 혀가 뒤집었어요

국화를 업고 온 구두가

영정사진으로 들어가 웃음을 끼워 넣어요

울음이 가늘게 늘어진 저녁

국밥 속에 담긴 소꼬리가 흐물흐물 길을 풀어놓아요

계단을 오르지 못한 구두

온몸에 길을 둘둘 감고 갈대밭에 쓰러져 있었다지요

조문객 사이로 소주잔에 담긴 안부를 물으면

한동안 아궁이를 막고 있던 소문이 전소되어

굴뚝으로 밀려나고 있어요

가족이란 소가죽으로 만든 구두였을까요

바다를 거부한 구두가 일상에게 고삐를 잡히는 순간

외양간을 떠나는 소 울음처럼 길게 멀어져 갔어요

바다의 머리채를 잡아 들어 올리면

그를 비껴간 것들이 쏟아져 나올까요

세상의 자전에 대항하다 중심을 잃고

바다에 엎어진 채
다시는 파도 위로 몸을 밀어 올리지 못했어요
뭍으로 옮긴 우리에 빛이 들지 않자
사육하고 있던 그림자가 세상을 뱉어내고
탈출한 것이래요

마네킹의 안부

구포역으로 이어지던 이 골목의 영광은
개고기와 경쟁하던 마네킹의 몫이었다

권태가 골목으로 들어서자
바람을 피하려는 붉은 등이
윈도우 안으로 몸을 투신한다
마네킹보다 더 마네킹 같은 여자들의 웃음이
메뉴판에 걸려 있다
도식화한 웃음을 상품으로 개발한 주인이 존경스럽다
남긴 웃음은 포장도 가능하다고
메뉴판 밑에 작은 글씨로 적혀 있다
만만찮은 가격이지만 흥정도 될 듯싶다
고객은 주로 웃음을 분실한 남자들로
이곳의 누군가가 습득하고 있는지 기웃거리다 끌려온다
신체의 모든 부위가 웃음을 강요받는 마네킹
어떤 눈물과 뒤섞였는지 모를 웃음은
자신이 어디로 흘러가고 있는지 알기나 할까

이곳에선 모두가 인형의 언어를 사용한다

마도로스 군인 일용직까지

이 골목의 영광을 위해

태어나지도 않을 미래를 마네킹의 환부에 쏟아부었다

부패한 웃음이 개고기처럼 팔려나가던

골목의 오래된 안부를 묻자

역내로 들어선 KTX 열차가

마네킹의 시간을 빠르게 회수해 간다

안전화

저 무거운 쇠를
물 위로 가뿐하게 떠 오르게 하다니
경지에 오른 그의 용접 기술은
쇠를 붙이는 것으로부터 초월하여
무게를 지워버렸다
한평생을 한 가지 일에 목을 매면 누구나
무게로부터 자유로워질 수 있다고 말하던 그가
어느 날부터 안전화를 신고 모임에 나와서는
신발 끈을 묶는 시간이 자꾸만 길어져 갔다
회사로부터 해고통지를 받고는
점점 동굴 속이나 낙엽 아래를 서성이며
절지동물로 바뀌고 있는 것을
우리는 전혀 눈치채지 못했다
여기저기 발을 밀어 넣어야 했기 때문에
발은 숫자를 늘려갈 수밖에 없었고
나이가 많거나 절박할수록
다리는 점점 더 많아져 바닥을 기는 다지류의 형태를 갖
추어갔다

일용직이란 여름 한철 신는 슬리퍼 같은 것이어서
겨울에는 발가락을 따뜻하게 지켜주지 못했으므로
그는 밖으로 나오지 못하는 실내화가 되어갔다
무게를 없애는 작업을 오랫동안 한
그들의 이야기는
너무 낮은 데시벨을 가지고 있어서
귀 기울이지 않으면 들을 수 없었다
고층 아파트에 사는 자들과 대화하기 위해서
크레인 위로 올라갔다
버리고자 하는 것들의 무게를 산신히 버티며
높은 곳으로 오르는 자들
안전화로 디딜 수 있는 세상을 만들기 위해
버려야 했던 무게를 다시 채우는 중이다

실버라이닝

알을 낳지 않는 뻐꾸기는 폭력을 편애한다고 가정하자

아빠 바쁜데 얼른 가
구름의 문장을 너무 빨리 해독한 탓에 꽃을 건너뛰고 열매가 된 아이가 무딘 손가락으로 콧구멍을 찌른다 하마터면, 꽉 깨물지 못한 어금니가 오타를 찔끔 흘릴 뻔했다

구름이 떼로 몰려다닌다는 졸업식도 옛말이더라 닫아 둔 커튼 앞에서 아이들은 가그린 한 이빨을 풀어내며 오리발을 챙기고 있더라 오히려 지느러미가 없어 다행이란 생각이 들 정도로 화창한 날씨였다니까

아비 염장에 뿌리내린 바람은 구두를 어디에 벗어두는지가 점점 궁금해질 때쯤 나뭇잎에 낙서하고 꽃의 목구멍에 작대기를 밀어 넣어 울음을 마구 후려친다 맺히기도 전에 떨어진 열매도 열매더라 구름이 엉덩이 주사처럼 왔다 가더니 요즘은 머물다 가는 시간이 자꾸 길어진다

꽃다발을 벌리고 교문을 빠져나오는 순간, 구름의 솔기 끝에 매달려 있던 여우비는 그치고 꽃집 안으로 프리지어 한 다발 쑥 들어온다

  유레카, 부러진 날개로 만든 꽃다발이 있어요
  구름의 분비물을 뒤집어 써보니 알겠더라

단일 식물의 개화 조건

봄

꽃을 한 대 피워 물고 접바둑을 둔다 소를 건 내기 한판이지만 자동차를 건 내기인 줄 착각하기 좋은 구도다 우리가 20세기를 다 뜯어 먹어 갈 때 이미 소들은 차도로 뛰어들어 난폭하게 자동차를 들이박기 시작했다 훈수를 두는 자가 세상을 지탱하는 법이라 말한다 그들이 개발한 신무기는 소뿔을 이용한 밀어붙이기 한판 새로운 방식의 파종법이다

여름

우방이란 참 편리한 발상이다 의리로 하는 쇼이거나 과음이 가져온 지독한 숙취다 여름이 뿔났다 담배는 개화되고 꽃들은 흡연에 노출된다 연기는 비닐하우스의 내장을 이리저리 들이받다가 사라지고 냄새의 긴 꼬리에 우리는 의문을 매단다 어떤 우방을 떠올릴 때 필터는 입술에 선택적으로 작용하여 아우성을 걸러 낸다 입맛이 일장을 지배하는 그림 위에 국화를 그려 넣어야 할지 말아야 할지 고민이다

가을

기온이 내려가기 시작하면 더 조급해진다 과연 우리가 꽃을 피워 낼 수 있을까 빛이 줄어들자 조산하거나 기형아 출산을 염려한다 신흥종교가 생겨나고 교주는 모든 신도들에게 소를 따를 것을 강요한다 사람들이 힌두교를 설파하는 것으로 오해하지는 않는다

꽃이란 여름의 압축점이 한계에서 폭발한 나무의 땀띠 담배 연기처럼 애매하게 올라가는 등록금은 열매 맺힐 자리에 지속적으로 양분을 공급해야 하는데 한 모금의 간접흡연에도 꽃들은 심하게 기침을 한다

겨울

한번 의탁한 대가는 지나치게 급소를 노출하고 체온은 급격하게 내려간다 우방이란 이름의 겨울은 감기를 장전하고 조준한 채로 온다 여기 저기 모닥불을 피우는 것은 여름에 대한 향수며 꽃에 대한 집착이다 화상이 아문 딱지 속에 씨앗들은 숨어 있는 것이다

앉은뱅이 장어집

먹자골목은 기다란 허리를 반으로 접었다
대로를 피해 숨어든 달빛이
물결치며 골목 안으로 밀려들어 온다
농협 주차장에 지느러미를 걸쳐두고 눌러앉은 장어집
형광등의 헌 아가미가 상위로 내려와 물소리만 쏟아낸다
한때, 통장 속을 힘차게 헤엄쳐 다니던 장어들
수족관 안에서 부레를 다 사용해보지도 못하고
링거에 의지한 채 가쁜 숨을 뱉어내고 있다
심해에서 느끼지 못한 두려움으로
이어가던 하루하루는 잠수를 하고
벌겋게 달아오른 숯불 위로
손님들의 넋두리가 맵게 피어오른다
스스로 뒤집을 기회를 놓친 장어
안주인은 가장 잘 익었던 시절의 몸통을 잘라
양념을 발라가며 굽고 있다
빈 병처럼 쌓여가는 고지서
그의 힘찬 꼬리를 기억하는 사람은 이제 어디에도 없다
북적거리는 바다로 다시는 회귀할 수 없는

왕년의 한때만 소주에 붙들린 장어
걸을 수 있는 것들은 모두 썰물처럼 골목을 빠져나가고
수족관에는 파도 소리가 잠들고 있었다
달이 배를 불리는 동안
수위가 점점 낮아진 장어집은
바닥을 드러내고 갯벌이 되어가고 있었다

코스모스

참, 철없이
빨리도 피었구나

모든 것들은 흔들리며 흘러간다
가늘고 긴 것들은
흔들릴 때가 전성기다

세상의 모든 눈은 꽃이었을 때 반짝인다
꽃 피기 전의 흙과 구름과 바람의 흐름
꽃 진 후의 일기에는 관심도 없지

모두 다 해바라기 씨를 뿌리고 키울 때
코스모스로 자란다는 것은 난해한 풍경화다

꽃이 된다는 것은
바닥을 기고 멍들어야 하는
그럼에도
아직 남아 있는 기대

흔들린다는 것은
더 넓은 곳으로 흘러가고 있다는 몸짓

꺾이지 않는 것은 관절이 없기 때문이다
어른이 된다는 것은 관절을 만드는 일
누구도 바람에 꺾이고 싶지 않겠지만
그래서
굴욕적일 수는 있겠지만
아프지 않게 꺾이려고
관절을 만드는 것이다

제2부

종이비행기

　사각형인 아파트는 접어 비행기를 만들기에 적합해요 큰 방 거실 주방 오빠 방 내방까지 모두 따로따로 접을 수 있어요 햇볕과 바람이 잘 들어오는 거실의 큰 창은 접은 비행기를 날리기엔 정말 좋은 장소죠 햇볕도 바람도 누군가 접어서 내게로 날려 보냈을 거란 생각을 하면 가슴이 설레곤 해요

　아빠는 도장 잘못 찍은 종이로 비행기를 접어 날렸다는데 우리 아파트 거실이 날아갔어요 화가 난 엄마는 서투른 종이접기 실력으로 주로 식빵으로 때우던 주방을 어설프게 접어 날렸어요 재수 삼수하던 오빠는 책 표지처럼 두꺼워진 자기 방을 접어 11층 창문에서 가볍게 날렸죠 비행기는 결국 국경을 넘어갔어요 잘 접히지 않던 나도 한눈파는 사이 열어 둔 창문으로 순식간에 날려갔지요

　접힌 바깥은 닳아 없어지고 점점 복잡해져 가는 내부를 들여다보면 아버지는 무엇이든 접어 종일 사각형을 만드는데요 종이처럼 접힌 저녁으로 피로가 몰려와요 불빛이 조

그마한 틈새를 빠져나와 칼이 되는 데요 잘 접히지 않는 사람들은 칼을 맞을 수도 있어요 종이의 내부에 적힌 글자가 교훈인지 낙서인지도 모른 채 우리는 또 비행기를 날려요

  지금 우리 아빠는 라면박스를 접고 있어요 빈 병은 모아서 기둥을 세울지도 몰라요 박스를 불끈 동여매고 있는 엄마 웃음소리가 골목 밖으로 새어 나와요 정말 이해하기 힘든 희극이에요

내가 사는 발라드

　자동차 바퀴에 손을 집어넣어 한 장의 앨범을 꺼낸다 꽃샘추위가 지나가고 남아 있는 공기는 계곡을 내려오는 물의 악보다 경음악만 흘러나오는 그 배경 뒤로 그녀는 물고기 아가미에 머물렀던 휴가다

　화분에 담겨 부르던 그녀의 노래는 달팽이관을 돌아 후배위를 취했다 구석구석 흐르던 붉은 소리는 청진기를 통해서 발기한다 짐승의 실체를 벗기고 음악은 건강하게 부화하는데 사소한 농담이 나무의 외투를 벗겨갔다

　드럼 소리가 속도를 내며 음악에 반죽이 된 그녀를 국수가락처럼 뽑아냈다 내가 끓고 있는 동안 그녀의 손톱이 노래 위에 문양을 새겨 화석이 된 앨범을 허공으로 던졌다

　삭제된 시간 속으로 탬버린을 던지고 다시 부르는 노래는 너무 차갑다 까마귀가 된 목소리는 나뭇가지로 날아가 앉는다 수액처럼 흐르던 음악은 점점 말라가고

나무를 키우는 양수 속으로 둥지느러미가 휘청거리며 지나갔다 죽음을 탯줄로 이어주는 외식을 하고 온 것이다 모든 소리가 날개를 접을 때, 퍽퍽한 공기를 일상처럼 마시며 나무의 배꼽은 전조등을 켠다

내가 다녀온 휴가는 발라드 위의 작은 쉼표다

빈 병

누가 이곳으로 옮겼을까

마시는 것이 비우는 것이므로 마시는 일에만 열중했다
조금씩 줄어든다고 믿었다
비운다는 것은 채우는 것에 대한 관성
그러니까 너는 옮겨질 뿐
어딘가에 담겨 있다는 것

개봉하기 전부터
출렁거렸던 너
손길이 스칠 때마다 비운다는 것이 채우고 있었으니
너로 채워진 나는 뜨거워졌다가 노을처럼 붉어져 갔다
깊숙한 곳을 허용할수록 너는 점점 난폭해지고
비워야 한다는 강박이 바닥을 들려내 보였다

마신다는 것은
너를 더 꾹꾹 눌러 담는 것인데
노을을 비우고 어둠으로 채워진 빈 병이
구석진 자리에서 졸고 있다

아바타

　동사무소 텃밭에서 싹을 틔웠어요. 붉은 립스틱을 바르고 나를 대신하기로 했어요. 넙죽 절하고 뽀뽀해주고 싶어 미칠 지경이에요. 모자를 쓰고 내 머리 위에 있기를 좋아해요. 그러나 여태껏 쭉 내 발바닥을 대신해 걸어왔지요. 누군가는 발자국이라 했어요. 어린 시절 세배 다닐 때 아버지와 친척 어른들은 게놈지도를 보여주시곤 했는데요. DNA 염기서열을 자세히 들여다보면 물구나무를 선 돌림자가 선명하게 보였어요. 초등학교 입학할 때 아버지는 뿔로 된 아바타를 선물하셨지요. 그 속에는 짐승과 구분되는 표식이 있었고요. 그곳에서만 살라며 울타리까지 만들어 두었지요. 훗날 뛰쳐나와 나를 들이받긴 했지만요.

압력밥솥

내가 존경하는 내성적인 사랑이 있는데요
절대로 들킬 것 같지는 않은데요
치푸카치푸카 소리가 허기의 머리채를 잡고 흔들어요
뱃속은 벌레들의 서식지일까요
자주자주 배가 고파요

우리 선생님 비운 가슴에도 벌레가 자라고 있을까요
시시한 농담으로 포장하기도 하고
번데기 목에 리본을 매달기도 하지만요
아무 소리 없다가 뜸 들 때쯤 빠져나오는
구수한 냄새에 사람들은 눈치를 채지요

얼마나 맛있게 밥을 하는지
마지막에 압력밥솥에서 김빠지는 소리가 쑤—욱하고 나면
모두 다 알아차리지요
이 치명적인
이 죽일 놈의
오곡밥 이야기를 출산하는 중이에요

친구 이야기라는데요
솔직히, 미심쩍죠
정말 찰지거든요
우리 선생님 사랑시에서
이제 누룽지 맛이 나요
진짜로 궁금한데요

그냥,
밥 잘 얻어먹었다고 배나 두드릴래요

이명

고막에 민원이 발생했다
시계 밖 속삭임이 펄펄 끓어 뚜껑이 열릴 지경이다
어머니의 퇴화한 꼬리뼈가 삐걱거리는 소리까지
아내는 좁은 구멍 안으로 밀어 넣는다
과속방지턱에서 덜컥거리는 소리와 나는
마블링 상태로 존재한다
매일매일 소리를 분리수거하려 애쓰지만
어떤 날은 쓰레기통에 몽땅 버리기도 한다

얼마 전부터 낯선 소리가 나를 붙들고 놓아주지 않는다
고막에 그리던 풍경화는 점점 추상화가 되어가고
귀가 나를 버리라 한다
소리로부터 자유로워져야
소리가 나를 놓아줄 거라 의사가 말한다

가끔은 소음이 죽음을 건널 수 있다는 생각이 들 때도 있다

골목은 지붕 없는 구멍이다

그 끝은 달팽이집으로 이어져 있고
흔들리던 하루를 중심 잡으며
귀를 후비며 골목으로 들어서면
아내의 잔소리가 벽보처럼 덕지덕지 붙어 있다
나는 면봉으로 하루를 소지하지만
이명은 이미 그 자리에 딱지처럼 앉아 있다

타짜

    유서를 남긴 로즈마리가 숨 쉰 채 모텔에서 발견된다 어떻게든 쥐어짜 향기를 뱉어내려 한 흔적들이 침대 곳곳에 남아 있다 페로몬으로 유혹하려고 한 것은 무엇이었을까 숨을 거둔 건 향기뿐이었다

    카드를 섞는 딜러의 손은 우아한데 상가 꼭대기에서 내려다보는 하루는 너무 배고프다 어떤 패를 잡아도 자꾸만 꼬인다 꿈꾸는 자들의 매직 돌아온 패는 늘 따라지거나 그 언저리

    로즈마리에게 향기는 마지막 남은 종잣돈이다 지친 것들은 늘 가출하려고 냄새를 피워 올린다 그런데도 화투장은 늘 정직하다 거짓말은 손가락이 한다 그들의 믿음은 배고플 때 더 강해진다

    그의 표정은 유리처럼 투명하고 손에는 견적서가 들려 있다 그가 털고 일어난 자리에는 휘발 중인 냄새가 유혹한다

유서 속의 향기
다 안다.
밑장 빼지 마라

역류성 불면증

헝클어진 잠의 입구
거대한 바다의 식도를 본다
물속 깊은 어둠은 언제나 굶주린 듯
배가 지날 때마다 허연 이빨을 드러낸다
한순간, 바다에서 태어나지 않은 꿈들을 삼킨다

늘 기대期待를 과식하는 우리는
비만인 줄 알면서 또 과식한다
물속에 가라앉은 꿈들이
신물처럼 올라와 잠을 깨운다

부력의 발목을 단단히 잡은 아이들이 보인다
어서 젖은 잠에서 깨어나렴
물속의 잠을 말리는 것은 젖지 않은 자들의 몫

어둠이 지느러미를 흔들며 바닷속을 유유히 헤엄쳐 다닌다
물에 처박힌 기억의 옆구리는 치매에 걸렸을까
침몰한 배를 인양해도 인양될 수 없는 유물은

천년쯤 후에나 발굴될 것 같아서

물 위를 떠도는 부유물들은 바다에 눈물을 수장한 것들
온기가 떠내려간 항구에서 울음소리가 새어 나온다
갈매기 소리라 우기며 물고기를 달래는 밤

모든 소리가 잠들기를 기다릴 때
홑이불보다 얇은 잠이 파도처럼 오르내린다

고추를 따다가

우리 가계도를 봐요
얼마나 가부장적인지
첫딸은 살림 밑천이라는데
누나는 점점 투명해져 갔고
자꾸 가벼워져 양력이 발생했어요
텃밭에는 고추나무만 살아남아
또, 고추만 매달리고

하늘을 봐요 울그락불그락 하잖아요
땀 냄새가 남긴 흔적이래요

이 엉큼한 고추는 어디에서 와서
노상 방뇨하려는 걸까요
아줌마 고추 딸 때 좀 진지해져 봐요
자꾸만 웃지 말고
누군가 성추행으로 신고할지도 몰라요
서로 얼굴 붉히는 일 없었으면 해요
고추는 자꾸만 얼굴을 붉히고

아주머니는 그런 고추를 달래고

의심받을 짓은 하지 마세요
고추는 직관적이거든요
고추밭에 들어서면 여자건 남자건 모두 고추인 척해야
돼요

우리 텃밭에는 아직도 남아선호사상이 자라고 있어요

구름 유치원

누가 웃음을 결박했나
면도하지 않은 아기는 침묵의 포로가 되어 있다네
구름이 가면을 벗고 각설이 타령을 한다네
얼~시구 시구 들어간다 절~시구 시구 들어간다

검은 정장을 입은 사내들이
유치원 정문을 열고 벌레 먹은 웃음을 뽑아가네
퀴퀴한 냄새들은 인심 쓰듯 두고 가더군
어차피 잇몸으로 버티던 웃음인데

어제라는 가지에 가위를 들이대네
홍시처럼 매달린 눈웃음이 가지 채 잘려 나가고
시들은 발목에서 침묵이 돋아나네
뒷목 잡고 부르는 노래가 설설 박자를 타기 시작한다네

아이가 되어보기 전에는 알 수 없을 걸세
웃음과 웃음 사이 긴 여백
침묵도 수많은 스펙트럼이 있다네

침대에 걸터앉은 하소연이 자주자주 힘을 쓴다네
아껴둔 웃음과 기저귀를 교환하자고
손수건은 아직도 눈과 코를 분리하지 못한다네

구름 속으로 납치된 수많은 라벤더 향기는 돌아올 수 있을까
낯을 가리던 그녀가
오늘은 햇빛을 피해 구름 모자를 썼다네
가출한 웃음이 돌아오기라도 한 듯
아득한 거리에서 웃음은 미어캣의 모습으로 얼굴을 마주하지
기약할 수 없는 미소가 등을 보이며 잔뜩 물기를 품고 있다네

구름 모자가 가린 것은 햇빛만이 아니라네
물방울 액세서리도 있다더군

열쇠

생각의 안과 바깥은 달랐으므로 문이 필요했다

문 하나 열어주지 못하는 세상은
자르거나 부수는 것이 아니라
열어야 한다는 것

스스로 열쇠가 되기로 작정했다

꿈은 문밖에 있었으므로
문밖의 혐오에 대해서는 전혀 눈치채지 못했다

항상 직진하는
구멍으로 들어가는 열쇠의 각오를 짐작한다
늘 섬세하지 못해 덜거덕거리다
단단한 문 앞에서 실망을 서술하곤 했다

다음 줄을 찾지 못하고 헤맬 때
청춘이라는 목차가 터널 안으로 진입했다

입으로 눈으로 귀로

구멍으로 들어온 것들이 다 열쇠였는데

책을 읽다가 밑줄을 긋듯

문을 열고 나와 환호하고 싶어 몸으로 들이밀었다

마지막 삽화에 입술을 그려 넣고

다음 생을 열었다

후천적 브런치

라면이 끓는 3분 동안 무얼 할 수 있을까
라는 생각에 균열이 생기면서 희망과 절망은 반죽이 된다

냄비에 물을 올리며 로댕의 자세를 버리고
끓는 물에 면을 넣고 달걀을 넣고 비판적으로 스프를 뜨어 넣고
수학 시간처럼 라면이 익으면
젓가락을 들고
오르골의 태엽 길이만큼 춤추고 노래하고
누구나 다 아는 맛을 오늘은 아무도 모르는 맛으로

살기 위해 먹는 자와   먹기 위해 사는 자의
레시피를 생각해 본다

주방은 세상에서 가장 치열한 곳
남은 국물에 공깃밥을 말아먹으며
증발하는 수증기의 긴 여정에 대해
자꾸만 의문이 생기는 건 왤까

라면은
어머니를 지워내고
남은 국물과 퍼진 면처럼
우울한 채로
먹고사는 문제와 질문들을
수세미로 문질러 설거지를 마무리한다

로댕의 자세로
라면은 3분만 끓이자
나머지 시간은 뭐하지

허기의 목적지는 설거지가 아닌지
우리가 찾으려는 그 레시피는
아직도 끓는 중이다

지폐의 표정

거리에는 지나간 풍경들이 수없이 숨어있다
대박의 공복 속으로 오토바이가 배달을 간다

굴러다니는 전단지에서
내가 골라잡은 늦가을이란 메뉴
'짜장면 1,500원 짬뽕은 3,500원 탕수육 시키면 만두는 덤'
잠시 눈이 머무는 사이
내 형편을 들킨 것 같아
울그락불그락 꼬깃꼬깃해진 지폐

'박서방 중국집' 오토바이가 지나가는 곳마다 나무가 자라났다
　신문지 사이에 끼어 있던 씨앗들이 바람에 날려 싹을 틔운 것이다
　오토바이가 철가방에 물과 거름을 날라 나무를 키우자
　동전이 열리기 시작했다

　새 아파트 단지가 들어온다는 소문이 돌고

통닭과 피자가 부동산투기를 시작하자 짜장면은 통통 불
었다
누군가 오토바이가 지나간 흔적 위에 침을 뱉는다
이제 그들이 배달해야 할 곳은 지구의 바깥인지도 모르
겠다

지폐가 만들어 낸 음모는 속수무책
바람을 가르던 바퀴에서 바람이 빠지고
오토바이보다 빠르게 비탈을 오르는 부동산
대박의 배후에는 누군가의 추락이 있다

이체 당한 생이 바람에 날려가다가
나뭇가지에 걸려 바들바들 떨고 있다
바람에 날려가지 않으려고
죽을힘을 다해 버티고 있는 저 지폐의 표정

전단지로 파종을 하고 있다
다시 싹을 틔우려고

제3부

어묵

　새들을 나이트클럽에서 본 적이 있지
　지금부터 내가 하는 진술을 믿지 않는다면 다음 생에 새[鳥]로 태어날 각오를 해야 할 것이다

　나무는 새들에게 앞마당 많은 새가 나뭇가지마다 구두를 걸어두지
　계절 따라 패션이 바뀌는 새들의 구두는 가을이 가장 아름답지
　단풍이라 말하는 구두는 댄스에 가장 적합한 신발
　낮에 열심히 일 한 새들은 나뭇가지에 걸어둔 구두를 꺼내 신고
　밤이면 나이트클럽으로 몰려가 음악과 술 그리고 가불한 내일을 발바닥으로 비벼 먹지

　새들도 물 좋은 곳에서 부킹을 하더군
　물 밖에서는 꼼짝 못 하는 물고기들이 결국 새들의 밥이 되지
　나이트클럽에도 못 오는 물고기들은 어디로 갔을까?

나는 버려진 구두를 들여다보다
펄펄 끓고 있는 바다를 보네
한 세월은 족히 우려낸 그들의 댄스는
화장을 진하게 하고 가슴만 부풀리고 있다네
닭조차 밥으로 알고 있는 물고기가 그들의 전생이지
물에서 버림받은 그들은 한 번 더 기회를 엿보며 물속에서 몸을 불리고 있네
막대기로 중심 잡아주지 못했다면 바닷속 밑바닥을 헤매고 있겠지
사는 게 싱겁다며 간장에 풍덩 몸을 던져 보기도 하지

새들은 새 구두를 마련하기 전에 낡은 구두를 미리 버린다네
나무는 하늘을 날고 싶은 물고기들의 격납고
붙잡고 매달려 있을 땐 몰랐었는데
누런 파도가 자라는 바다의 봉분 위로 걸어가던 당신
이제야 보이네
물질하던 당신의 짧은 계절도 펄펄 끓었을까

이륙에 실패한 나는

물컹, 엄마라는 푹 퍼진 물고기를 삼키네

건조주의보

  쪼개진 장작을 말리던 바람이 있었다
  계곡이 깊으면 울음도 깊다 흐르는 물에 발 담그지 못하는 당신의 통풍이 발톱을 세우고 그러니까, 당신은 계곡도 아니고 물도 아니라는 것인데 뿌리가 없어 몸통을 허공에 의지했는지 모르겠다

  사막을 배경으로 앉아 있는 나는 점차 모래의 형식을 갖추어가고 지나가는 바람이 내게 손 내밀었다 모래는 곧바로 바람의 느낌으로 흐느적거리고 햇볕이 바람의 왼쪽 옆구리를 쓰다듬으며 오른쪽 옆구리는 배려하는 자세로 어둠에게 자리를 내어준다

  이쯤 되면 나는 나를 말리고 당신은 당신을 말린다

  바람이 자꾸 낮잠을 깨우는 시간 마른 나뭇잎들이 한쪽으로 몰려가 고민처럼 쌓여가고 모든 나뭇잎을 삼키는 것은 바람이 아니라 계절이라는 것을 알만한 시간에 목감기처럼 찾아와 서 있는 당신의 배짱을 나는 당해낼 재간이 없고

물컹하게 야윈 이 시간에 서 있는 여자들은 마른 나뭇잎으로 아랫도리를 가리고 남자들은 마른 장작처럼 마지막 불꽃을 기다린다 젖은 낙엽처럼 거리에 납작 엎드려 있는 나는 어디로 가야 할까 계절의 뚜껑을 열어 계곡을 휘돌아간 기억들을 서서히 쏟아부으면 온통 세상은 끝없이 펼쳐진 사막 나를 떠난 물고기들은 흔적조차 남김 없는데

　내가 건조해지면 마음에는 자꾸 불이 난다 어떤 계절이 또 돌아누울 때쯤이면 우리는 기도로 세수하고 아침을 만난다 종일 목마른 사막을 거닐다 언덕 아래 터를 잡고 바람을 달래며 불을 피운다 타다 남은 저녁이 숯검댕이가 되는 밤

　목마른 누우떼가 내 웅덩이의 마지막 남은 물을 다 마시기 전에 나는 자꾸 사바나의 우기와 몸을 섞고 싶어진다 당신은 귀를 늘어뜨려 사막여우가 되고 풀보다 더 소중한 모래를 숭배하는 광신도가 되어가는데 나는 내 살 속의 모래 한 줌을 집어 당신에게로 뿌린다

말라가며 쩌억 벌어지는 소리가 당신에게로 가 불쏘시개로 사용된다 그러나 불은 예약 시간보다 빨리 와서 기다리고 있었다

싱크홀

오늘은 내가 나를 끄집어내는 날
박제된 의자 하나 빠져나가고
한 벌의 수저는 백수가 되었다

나는 관습처럼 씹는다
오래 씹는 것이 질긴 것이다

오늘의 메뉴는
전리품으로 요리한 말고기와 야채샐러드
빨간 소스는 늘 바지를 벗긴다

내가 아는 모든 것들은
배설을 위한 재료
말할 때마다 깊어지는 세계와
침묵할 때마다 채워지는 세계
나머지 의자도 기운다

너 그거 아니?

반쯤 일어난 내가 잠든 나를 일으켜 세운다는 것
마지막으로 나를 빠져나간 건
누군가 먹다 남긴 웃음이었어

뿌리째 뽑아야 했는데
네가 없는 그 시간들에게
물음표를 달아주었지
완전히 내려앉을 때까지 아무도 눈치채지 못했어

배설의 용기

그 작은 진동은
내 안으로부터 나온 천기누설

머리끄덩이를 잡아당기는 그늘을 자주 만나
라면 한 봉지만큼의 발자국이 나의 한 끼야
한 학기는 독감에 걸린 듯 펄펄 끓었지
식후 먹는 알약처럼 약봉지에서 꺼내든 햇빛으로
구부러진 그늘을 펴지는 못해

개가 집 앞 사거리의 목덜미를 물고 흔든다
좌회전을 감행한 의문부호 하나 때문에
나는 나에게서 가출하지
한 번도 신어보지 못한 발자국이
나무 잎사귀를 스쳐 가는 바람 위에 둥지를 틀어

배식판에 자리 잡은 한 끼의 저녁과
잔밥 같은 어둠이
나뭇가지에 걸려 달빛을 바라보는 시간

금 간 밥그릇 내부로 밀려드는 눈동자들

탈수기에서 두려움이 빠져나가고
나로부터 이탈한,
세상으로부터 일탈한,
비로소 나는

담담한 무릎에게 안부를 전해다오
잘 가
괄약근 바깥으로
소화되지 못한 모든 발바닥들아 안녕

배설이라는 용기가 필요해

거세

삼십 년 매달려 있던 것이 잘렸지요
밥 대신 욕을 우걱우걱 씹으며 막장 연속극을 봅니다
쌀을 씻으며 흘려보내는 쌀뜨물이 배우를 데려옵니다

짧고 굵은 것들이 세상을 지배했다면
가늘고 긴 것들은 가장家長을 지배합니다
수타면처럼 여러 번 얻어맞다 보면 터득하게 되는
가늘고 긴 문장

에스트로겐 수치가 상승하며
부풀어 오른 가슴에서 전업주부라는 배역이 튀어나옵니다
새벽부터 막이 오른 연극은 온종일 반복해서 공연됩니다

가슴을 만져보는 일이 잦아지고
차라리 치마를 입는 것이 편하다는 생각이 들기도 하고
자신에게 보낼 연애편지를 씁니다

삼 개월 전에 찾아온 여배우는 그냥 머무를 기셉니다

배우는 남성성을 살려내기 위해
틈틈이 정보지의 구인광고를 꼼꼼하게 탐독하거나
무료한 시간은 홈쇼핑을 시청합니다

깜박,
김치찌개가 시나리오 한 편을 또 태워 먹습니다
오늘은 고민이 국수 가락처럼 길게 흘러내리는 날입니다
절대로 트랜스젠더는 아닙니다

불의 고지서

딩동, 두통이 초인종을 눌렀다
불을 켜라는 신호

거실에 있는 화분에 매일 물을 줬더니 불이 자라났다
계속해서 눈구녕 깊숙이 장작을 밀어 넣었다.
열어둔 창문으로 몰래 들어 온 바람이 불의 목덜미를 물고 흔들었다
불에도 뿌리가 있는 줄 몰랐다
불의 가지를 자르면 더 많은 가지가 자란다는 것도 몰랐고
손금의 잔가지로 활활 타오른 연기는 떠나는 일에 집중했다
불은 당신의 앞치마를 벗기는 일에 집중했고
물은 당신의 바짓가랑이를 잡고 늘어지는 일에 집중했다
나뭇가지에 걸린 바람을 회수하는 것은 당신의 몫
그리고, 불과 연기는 자주 등을 보였다
불은 자꾸 나를 불렀지만 나는 뒤돌아보지 말자고 다짐하곤 했다

어디로 날아가고 있나요?
굴뚝이 뱉어낸 연기는
불에 대한 주의사항을 가득 담고 있었다
방 안은 여전히 냉골이다

장미 문신을 끌어안고 울부짖는 여자가
사람들의 눈 밖에 나 있던 의문을 아궁이 속으로 밀어 넣었다
너무 쉽게 연기와 허공은 한 몸이 되었다
사라진 것들은 모두 가까이 있던 것들

그렇게 불은 꽃을 피우는데
정작 나는 그을음의 자세로 남겨져
허공으로 사라진 것들이 몰래 나타나면
자꾸만 불의 뿌리를 주물럭주물럭 거리곤 한다

사발면 난독중

사람들이 스포이트로 그를 추출하려 한다
그가 사는 세상에 그는 없다

13월이 오기 전에
항상 종종거리는 12월
또 꼬리를 자를 시간이군요

뱀은 머리를 전진시키기 위해 꼬리는 후진한다
뱃속에는 관념과 이데올로기가 번식 중이고
겨울의 꼭대기에 피뢰침을 설치한다

벼락 맞아야 할 놈은
피하는 법을 가장 빨리 습득하는 법
씩씩거리며 눈이 온다
뛰어난 적응력이다
액체에서 고체로 전환된 눈물을
화학적 변화라는 프레임을 씌운다

불어 터지는 것이 가장 쉬운 몸 불리기 방식
컵라면 매출이 근육을 키우는 마트에서
오늘은 녹지 않는 눈을 신제품으로 출시했다

머리핀

바람이 나무의 발등을 찍었을까 나무가 제 발등을 찍었을까 어떤 날은 멍하니 젖은 웃음을 석양에 말리기도 하고 빗속으로 침묵을 흘려보내기도 했다 알 수 없는 힘에 이끌려 애무하던 허공의 피부를 찢고 하늘로 둥둥, 떠오른 것인데

나무도 머리를 감고 싶을 때가 있다 비바람에 머리를 맡기지만 떨어지는 건 나무의 머리카락들뿐

말하자면, 서툰 사랑이 탈모증에 걸렸다고나 할까

가끔은 나무도 뿌리를 들어 자리를 옮기고 싶을 때가 있다 온기가 빠져나간 껍질이 거칠어가듯 눈동자가 읽었던 세상이 건망증으로 지워질 때, 바람의 시간을 견디느라 한쪽으로 기운 허리를 만지고 있을 때도, 뿌리는 늘 생각과 반대 방향으로 자랐다

제자리를 고집하면서도 자신을 지탱하지 못하는 뿌리로 세상을 움켜쥐려는 것일까 바람에 날리는 머리카락을 뒤로

넘기며 아— 하고, 수압을 이기지 못하고 터져 나온 이물감

   나풀거리는 마음들을 꾹꾹 눌러 고정한 것인데

   나이테 하나를 진하게 그려 넣고 있다 커진 몸집을 세상 밖으로 밀어내려고 뿌리를 잘라 들어 올리고 있는 것인데

세 개의 신호등

가변차로를 들락거리며
비는 주행하고
장판 바닥에 착 달라붙은, 나는
세상에 없는 것들을 꿈꾼다

컴퓨터가 업데이트되는 동안
나는 세상 밖으로 밀항을 시도하고
세 개의 신호등은 계속해서 비를 뿌린다
순간,
붉은 신호등이 나타나고
멈추지 못한 새와
건널목을 지나지 못한 숭어 떼가
신호등 앞에서 솟구쳐 올랐다

공중에 뿌리내린 점멸등처럼
반복되는 일상으로
서서히 나는 나를 놓치고
의식의 회로가 스위치를 내리면서

무단횡단을 감행하는 시간

반쯤 삭은 덧니가
사각사각 저녁을 갉아먹는 동안
가야 할지 멈춰야 할지
신호등 앞에서
시간을 죽이는 동안

신호등은
수동적으로
아주 우아하게 수동적으로
합류 도로로 접어든다

냉동인간

 네팔 여자의 카레처럼 유채꽃이 지고 마른 나뭇잎 위를 기어가는 불빛들은 여전히 침대에 눕지 않는다 편의점에서 카드로 애인을 구매하고 당근마켓에서 이별을 저렴하게 되파는 일 따위는 사소한 일상이거나 때로는 놀이 이런 종류의 습관과 분노는 강제되지 않는 봄밤의 인문 서적처럼 통통 부어 있는 용기와 자주 재회한다 자위와 애도로 요양에 가까워진 이 밤의 입에 검지를 세우는 것이 내가 사랑을 되새김질하는 방식

 비가 오기 시작하면 나는 강수량을 끌어안고 빗방울의 방문에 일일이 노란 리본을 매단다 젖은 자정은 거리를 쏘다니다 무거워져 돌아와서 침대에 밤을 누이고 닭 깃털 같은 상상력으로 모이를 쪼아 먹고 끊임없이 산란한다 나의 새벽은 내일 밤 위에서 유영하고 수많은 불면이 신문 활자처럼 공중을 떠다닌다

 물이 뚝뚝 떨어지는 해동된 이야기는 본문일까 벗은 육체를 가린 스카프 한 장이 복원과 재생 사이의 어둠으로 사

라지고 그녀의 입에서 돌멩이가 날아왔다 구매할 수 없는 연애는 점화되지 않는 라이터를 들고 점점 추락한다 생각이 스치고 지나는 것이라면 약속은 잠시 머물렀다 가는 것 채권자들이 우리를 오랫동안 묶어둔다

  네팔에서 인도까지 유채꽃처럼 카레가 저녁마다 피어난다는데 누렇게 뜬 나는 언 고등어를 노릇노릇 구워 먹고 냄새를 흘리며 너에게서 흘러내린다

막대사탕

허공이 만져지는 날은 달달한 것이 먹고 싶다
달에 막대기를 꽂는다
달궈진 프라이팬 손잡이 같다
뜨거운 것들이 달의 뒷면으로 숨어들어
죽은 연애가 꿈틀댄다
목숨 걸 일은 아니잖니?

바람에 달빛이 흔들린다
지나가는 개가 거슬리지만
더듬이를 늘려가던 연인은
달의 눈치를 보며
전봇대 옆에서 하던 키스를 계속한다

밀물과 썰물이 밀당 하듯
연애란 중력으로 지탱되는 것
달은 또 하나의 그림자를 싸지를 뿐이다

불륜처럼 별을 보는 날이 잦아진다

며칠이고 얼굴을 내밀지 않는
달을 기다리는 것이 지겨워질 때쯤
잠금장치 풀린 구름이
반투명 둥근 창으로 흘러내린다

서투른 키스에 구급차가 달려왔다
응급실은 연애하기 적당한 장소
그림자의 꼬리를 자르자
달달한 것들이 녹아내리기 시작한다

달랑, 막대기 하나만 남는다

편지

　누군가 흘리고 간 웃음처럼 눈이 내리고 세상은 쓰다만 편지지처럼 그가 남긴 발자국을 붙들고 놓아주지 않는다 그리고 그 위로 또 누군가가 웃음을 흘리고 가고

　나는 그 웃음이 물의 가면인 줄 안다.
　가면을 벗기지 않아도 웃음은 곧 이빨이 빠지겠지만

　어느 봄날 계곡에서 그의 웃음을 다시 만나 악수라도 하는 날이 온다면 못다 쓴 편지를 다 읽을 수 있을까?

제4부

지붕을 이고 사는 목수

아침을 열어젖힌 허공에는 없는 지문
단 한 번의 헛방에
구멍 난 지붕으로 하늘이 보인다

등록금에 못질하는 동안 꽃이 피고 졌다
여름 내내 숲속에다 통나무집을 짓고
이삿짐에 대패질을 했다
크리스마스트리에 매달아 두었던
푸른 엽서의 낙엽들을 모아
드럼통에 불을 놓았다
새들이 날아간 자리에 설이 찾아왔다

서까래로 쓸 나무와 기둥으로 쓸 나무를 분류하는 동안
오동나무처럼 속을 비운 목수는 악기가 되어간다

저녁이 다가와 손톱 밑에 박히면
슬그머니 달을 밀어 올린다
목수는 지붕을 올리기 위해 손톱을 기른다

수채화 그리기

파스텔 톤의 목소리를 도화지 위에 옮기기로 했다 밑그림을 묻어가며 서로를 발굴해 갔지만 너무 투명해서 원하는 깊이까지 도달할 수 없었다

감정의 채도를 조절하며 팔레트 위로 불러내야 했다 거친 목소리는 조금 농도를 묽게 하여 온몸에 힘을 빼고 덧칠해야 했다 몇 번이고 다짐하며 느긋하게 그려야 했다

조급하면 명도가 떨어진다는 말을 떠올리며 완벽한 보색이 되어갔다 서로의 생각이 마르기 전에 붓은 거침없이 스케치북 위를 내달려 조금씩 탁해져 갔다

마르지 않은 감정이 번지지 않게 밑그림을 그릴 때 연필을 쥐었던 각오로 수채화를 그려야 했다 소묘가 아니라서 지울 수가 없었다

대패질하듯 물감의 결을 따라 붓질해야 했다

개조심

개나리가 짖어 노란 개가 태어났다

내가 아는 개는 침대에서
약속한 베개를 사용하지 못하고
빨간 개나리가 필 때까지 주문을 왼다
지나간 건 나뿐일까?

개는 관념처럼 목줄을 하고
목줄과 씨름을 하고
이빨을 재운다

마지막은 개 울음처럼 올 것이다
꺾인 개나리 발목처럼
시들어가는 개 혓바닥처럼

나무가 뱉어낸 욕설들이
마당에 나뒹굴고
비질에도 꿈적하지 않는다

벽이 있어 낙서한다
소리를 바지 주머니에서 꺼낸
그 개는
조용히 짖어
더 아프다

라디오

처음 대면했을 때 라디오는 요물이었다 작은 상자 속에 거대한 마을이 있는 듯 끊임없이 많은 사람이 나타났다 사라졌다 나는 수시로 드라이버로 라디오를 열고 안으로 들어가 마을을 배회하곤 했지만, 아무도 만날 수 없었다 내가 상자를 여는 순간 마을과 사람들이 사라지는 요술을 부리곤 했다. 계속되는 실패에도 나는 자주 라디오를 열어 마을을 이 잡듯 뒤진 곤 했다

털면 깨가 쏟아질 것 같은 사람
그의 입에서는 참기름 냄새가 트로트처럼 흘러나왔다
대접에 밥 한 주격 퍼 담고 나물과 계란프라이를 얹은 비빔밥이 떠올랐다

참기름 한 병을 짜기 위해 여름 내내
뙤약볕에 그을리며 흘렸을 땀방울을 생각했다
라디오 속으로 들어가기 전에 이미 밭에 낸 두엄이며 퇴비들
그늘이라곤 없는 들판에 병해충 방제를 위해 기를 쓰며

뿌렸을 공약公約들

  틀면 나온다는 라디오
  그를 털자 먼지가 나왔다는 말을 듣고도
  털어서 먼지 안 나는 사람 어디 있느냐고 했었다

  라디오가 고장 나고 참기름 냄새가 사라졌다 나는 드라이버를 들고 그의 머리통에 있는 나사못을 찾아 나섰다

마사지

두 개의 저녁을 가진 내게
그녀가 아침을 선물했다
발바닥부터 별자리를 짚어나가기 시작했다
그러자 어둠은 복도를 지나 조금씩 깨어났다
별들은 깊은 어둠에 뿌리내리고 있었으므로
그녀의 손길은 자양분에까지는 미치지 못했다

하늘에도 비포장도로가 있다는 걸 우리는 안다
그 우둘투둘한 곳마다 혈이 지나가므로
그녀의 손끝은 비행운을 남겼다
결심에는 늘 배신이 잠복해 있어
지나간 길 위에 깃발을 꽂아 기억을 매달아 두었다
죽음이 활강하는 날마다
엄청난 기압을 받아내던 고막의 기나긴 통로 끝
책상 모서리에서 튀어나온 고양이 그림자가
빛의 향기에 손톱자국을 남긴다
시작과 끝은 언제나 무無에서 무無로
그 합 또한 무無일 뿐

모든 소리의 통행이 차단된다

구름 위에서 생각하는 비는
금방이라도 발을 뺄 듯한 표정이고
우리는 곧 내려가야 한다는 것을 안다
비행기 날개가 우현으로 기울자
고소공포증이 깨어나기 시작했다
승무원이 다가와 나와 구름의 소통을 도와준다
가방 속에는 버림받은 발바닥이 누워 있고
유리창 너머 어제가 어깨 위의 구름을 털어내고 있다
그러니까, 너는 너 나는 나라니까
시원하십니까?
발바닥은 두고 가시죠

닻

파도가 어부의 요람을 흔드는 선착장
아랫도리를 모래에 파묻은
이미 뿌리가 내렸을 법한 폐선의 돛대에는
새순이라도 틔울 듯 푸른 기미가 보이는데
새 한 마리 날아와 솟대가 된다

유년의 잔잔한 바닷속으로
그를 받쳐주던 부레가 있는 것들이 다 침몰하고
폭풍이 휘몰아치는 계절을 송두리째 배 위에서 탕진했다
바다는 늘 신용카드 같아서 돌아올 때마다
유혹을 제압하느라 바늘 끝으로 어깨에 닻을 내렸다
흔들리지 않는 마음 없듯
바다에서 흔들리지 않는 것은 배가 아니다

그물을 꿰매며 출항을 꿈꾸는
그의 어깨에 이미 닻이 내려져 있다면
이 바닥 일에 이골이 났다는 것인데
그의 눈 속에는

바다에 빠트린 날들이 물속을 헤엄쳐 다닌다
바지선처럼 시간을 바다 위에 띄워둔
늙은 마도로스에게 닻이란
수장을 위한 부장품에 불과한데
팔뚝의 하트에 꽂혀 있는 화살을 보면
어깨에 닻이 내려져 있는 이유를 알 듯도 하다

바람이 찾아오는 날이면
출렁이는 마음을 재우려고 어깨를 쓰다듬으며
한동안 먼바다를 응시한다
번번이 출항을 포기하고 싶다며
항구가 바다의 문이라 말하는 그에게
닻은 유일한 자물통이었을까
아니면, 그가 이미
바다에 닻을 내리고 있는 것일까

탁구 치는 자전거

 바람의 강한 드라이브는 한 치 오차 없이 앞으로 나아가며 되받아친다 구름으로 들어간 공이 튀어 오르지 않을 때, 자전거는 늘 식빵 위로만 달린다 열심히 페달을 밟다가 멈칫거릴 때, 햇살이 빠져나가는 틈을 가만가만 막아주던 뒷바퀴가 갑자기 구름 위를 달리기 시작했다

 앞만 보고 달리다 뒤돌아보고 사람의 흔적이 보이지 않을 때, 끊임없이 덜컹거리던 자전거는 바람 소리를 내기 시작했고 멈출 수가 없었다

 구름이 태양을 지날 때, 자전거는 그늘을 지나가고 있었다 스탠드를 내리고 잠시 멈춰 서자 타이어는 길 위의 먼저 달려간 시간을 줍고 있다

 바람의 속도로 지상을 내려다보면 천천히 가는 것이 가장 힘든 일 속공만이 능사는 아니었다 자전거가 기우뚱거릴 때 넘어지려는 방향으로 핸들을 꺾어야 했다

다시는 넘어오지 않는 공 반대편에 아무도 없다는 역공 때문이다 달리던 자전거는 후진할 수가 없었다

꽃게

장손은 섬이었다
할아버지가 펼쳐놓은 바다에 담겨 있던 당신
잠시 뭍에서 맡은 쇠 냄새만
해안선을 따라 옆으로 옆으로 맴돌고 있었다
바다의 모퉁이에 헐렁하게 용접되어 있었지만
기운 기둥을 일으켜 촘촘하게 그물을 걸고
부력으로 집안을 밀어 올렸다
뱃머리가 바다를 가를 때마다
철공소에서 대문을 만들었던 시간들이 솟구쳐 올랐고
가풍의 출입을 철대문으로 막고자 했는지 모르겠다
배를 저어갈 때 방향을 잡아 주던 어머니가
물 밑으로 가라앉고
철의 껍질에서 탈피했다
조금씩 자유로워질 때쯤
딱딱해진 가슴 위로 그물을 펼치고
휑한 구멍을 꿰매고 있었다
물때를 기다렸던 밤
팽팽한 수면을 찢고

그렁그렁 달빛이 그물에 걸려 올라왔다

바다가 심심해지면 안부가 궁금해지는 법

기다림만 키우다 통발에 자신을 가두던 당신

절단기로 섬을 해체하고

배를 수평선 바깥으로 몰아 마지막 항해를 시작하지만

집게발이 파도를 물고 놓지 않는다

리모델링

  누구나 뒤통수를 맞으면 모래가 될 거야
  뭉쳐놓은 모래에는 영혼이 있을 것 같아

  흙손이 쓰윽 지나가고 계절이 벽에 붙었다 왕년이 신발 밑창에 모래처럼 굴러다닌다 모래가 자갈로 느껴지는 날들에 시멘트를 첨가해서 가을은 점성을 유지하다가 점점 굳어간다

  쌓아 올린 벽돌들이 한 줄 한 줄 문장이 된다 마감이 어려운 곳은 비문으로 정리하자 골조에 살을 붙이면 남겨진 것들은 다 바람의 양식이 된다 벽을 쌓아 올린 곳이 존재를 지워야 할 자리 그러니까 겨울이다

  여자의 새로 생겨 난 쌍꺼풀처럼 또는 남자의 가발처럼 퇴고는 단 한 번도 익숙하지 않다 밤마다 침대의 하얀 시트 위에서 살아 있음을 확인한다 그리고 해가 바뀌지

  한 장 한 장 끼워 맞춘 얇은 눈웃음과 두꺼운 고집을 마루

처럼 깔고 사는데 뒤통수를 가리고 뒤를 돌아보면 너무 많은 것들이 줄을 서 따라오고 불안한 예감은 친구처럼 가까이 와 있다 산다는 것은, 살아 있다는 것을 허물고 다시 쌓는 것은 아닌지 모래처럼 흩어진 나를 뭉쳐 벽을 고치는 것은 아닌지

담배를 키우는 사내

.

눈과 물이란 단어가 질주하는
진눈깨비 오는 거리를 지나
담배를 물고 화분에 물을 주고 있는
평생 세 번만 울겠다던 사내의 눈
떨어질 듯 말듯 아내가 한 방울 매달려 있다
가끔 하품을 길게 할 때
딸이 짧게 매달리기도 한다
팔뚝에 담배 세 개비를 키우는 사내 얘기다

아내는 한 개비의 담배처럼 속을 다 태웠는지
재떨이에 꾹 눌러 끈 꽁초로 남겨졌다
그리고 그뿐, 사람들에게서 이내 비워졌다
담뱃불로 팔뚝에 시를 쓰던 그는
양아치 같은 문장을 소각하기로 한다

다른 한 개비의 담배 불꽃은
온실에서만 재배가 가능한 꽃이다
사람들은 그 꽃을 혹으로 읽었다

수확할 시기를 놓쳐버린 늙은 잎담배 한 그루
늘 축축하게 시작되는 잎담배의 아침은
전화선을 통해 안개를 피워 올리곤 했다

담배에 불을 붙인 건 늘 이슬이었다

사내의 생을 돌아 나온 담배 연기는
깨진 화분의 사금파리같이
얼마나 많이 그의 내면을 그어댔을까
전생에 어느 눈[目]을 떠돌던 눈[雪]
어떤 절박함 앞에선 물이 될 수 없는
뼈다

야광팬티

U턴을 모르는 성욕이
검은 전선을 타고 와 백열등에서 발기를 한다
20년쯤 들어보는 아내의 팬티 고무줄
탄력을 잃고 그녀의 일과처럼 늘어져 있다
아랫목이랍시고 넣어둔 식은 죽 한 그릇 달랑
나는 숟가락을 들다 말고 돌아누워
탁상시계가 팽창시키는 새벽의 창으로
건너편 아파트 침실을 들여다본다
도마 위에 엎드린 앞 동 여자는 이미 보호색을 띠고 있다
여자의 야광 팬티와 그것을 훔쳐보는
호기심 많은 짐승들의 눈빛이 빤짝거리고 있다
선수들은 다 아는 뻔한 방법이다
여자의 향기가 바람에 날려온다
입을 꼭 다문 수다는 몸 밖에서 돋아나고
서로의 반대 방향으로 달려가는 성감대
나는 무릎을 꿇고 고개 숙인다
항아리 속 젓갈처럼 삭아온 그녀도
얼마나 빛나고 싶었으면

허공에 야광 팬티 한 장 걸어두었을까

어둠도 묵히면 빛이 되는지

굳이 발설할 이유는 없겠다

구멍 난 옆구리

꽃집 허리를 움켜쥐고 기대어 있는 마블 화분
뚫린 옆구리가 마른 흙을 토해내고 있다
터전을 옮겨와 여기에 뿌리내렸을 꽃나무는
지금 어떤 모습일까 살아 있기는 하는 걸까

화분은 나무에게 발을 달아 준 것인데
옆구리의 허전함을 미리 알았다면
이렇게 버려져 있지는 않겠지

베트남에서 시집온 란아잉씨
한때는 척박한 고국이 지구의 옆구리 인적 있었다
수많은 포탄을 피해 땅굴 속으로 숨어들기도 했다
두고 온 고국에는
맨몸으로 총알을 받아낸 할아버지의 움푹 파인 옆구리와
그녀의 뿌리를 들어낸 구덩이가 남아 있겠지

한국으로 옮겨 심고
뿌리내리지 못한 뚫린 옆구리

늘 바람이 관통하는

새로 생겨난 급소다

사라지는 질량들

당신의 무게는 날개가 있어
발바닥을 버린다

세상은 모두 벽이 되고
불 속에서 불을 꺼낸다
달아나는 물을 회수하여
우리는 가슴에 매다는 중이고
당신을 거두어간다

고장 난 무릎이 먼저 튀어나오고
모든 오해를 토해내고
모든 뼈는 다 토해내지 못한 채
추억만 화로를 탈출한다
불을 움켜쥐고
집착을 태우고
마지막 불꽃마저 돌아서면

헌 옷 수거함이

질량을 버린 당신을

외투로 인식한다

주머니 깊숙이 접혀 있던 온기와

아직도 남아 있는 당신이라는 냄새

무게를 가지지 않은 것들은 산화酸化 하지 않는다

서리

검은 뒤통수 위로 하얗게 피는 꽃들을 보았나

서로 다리가 엉키면서 불이 났다
입술이 내면을 송두리째 삼키자
휘파람 소리가 들렸다

바람은 불의 정부

바람이 없다면 벽이 있을까
마음에도 벽이 있다면 바람을 맞아본 사람

불에 탄 검은 지붕 위로
질러버린 사랑이 재만 남았을 때
누군가 하얀 위로를 덮어준다면

바람은 불의 공범

최병철의 시세계

몸과 마음의 시차 사이에서

김건영

최병철의 시세계

몸과 마음의 시차 사이에서

김건영

(시인)

　어느 늦은 오후 지하철이 지상으로 올라오는 구간이었다. 앳된 목소리의 기관사가 방송으로 승객들에게 말을 건넸다. '오늘 하루 어떠셨나요. 힘든 일이 있으셨다면 모두 제가 실어 갈 테니 지하철에 놓고 내리시기 바랍니다.' 창밖으로 노을이 지고 있었다. 개인적인 상태와 주변 상황에 맞물려 어떤 이들은 감동을 느꼈을 것이고, 또 다른 이들은 별 감흥 없는 의례적인 인사로 느꼈을 것이다. 시의 언어 역시 비슷한 특성을 가지고 있다. 언어 자체에는 감정이 거의 들어 있지 않기 때문이다. 우리가 시의 언어에서 감흥을 느끼는 것은 여러 측면 때문이겠지만 특히 중요한 지점은 발화자의 태도가 아닐까 한다. 우리는 실제로 기관사의 말을 듣고서 힘든 일에 대한 사유를 지하철에 놓고 내릴 수는 없다. 그러나 언어의 정보전달 기능을 넘어서 기관사가 전달하려고 했던 감정은 모두에게라고는 할 수 없지만 누군가에게는 전달되었다. 발화자가 논리적 사고보다는 감정적으로 퇴근길에 지친 승객들을 위무하고자 하는 태도가 우선시되었기 때문일 것이다. 이는 단순히 감정만을 앞세운 발화로는 성공할 수 없는 전달이다. 스스로의 역할의 한계와 청자를 깊이 생각한 태도에서 발생한 말은 대상에게 더 깊이 가 닿을 수 있다.

  화자의 태도 이외에도 고려해야 할 것은 많다. 수신자가 메시지를 받을 수 있는 상태가 아닌 경우나 이해하려는 의지가 없을 때는 어떤 간절하고 사려 깊은 발화라고 하더라도 전언은 수신될 수 없을 것이다. 따듯한 마음으로 건넨 위로가 아무런 힘이 되지 못하는 순간도 분명히 존재한다. 그러나 섬세한 화자는 수신이 불가능할 수 있음을 잊거나 외면하지 않고 발화한다. 그 태도는 귀 기울여 듣는 자에게 비로소 위로가 담긴 전언으로 도착한다. 또 중요한 것은 화자와 청자의 거리이다. 기관사의 발언은 기관사와 승객의 관계에서 전달할 수 있는 언어를 넘어선다. 도시라는 거대한 공간에서 지친 몸을 이끌고 집으로 돌아가는 현대인이다. 그리고 같은 순간 노을 아래에 놓인 한 사람이다. 우리는 영원히 서로를 개인적으로 알 수는 없지만, 그럼에도 같은 순간을 공유하는 상태에 있다. 물리적 거리와 심정적 거리가 서로 동일하지 않은 상태에서 화자의 발화는 더 많은 감정을 담을 수 있다. 더하여 청자는 발화에 담긴 감정을 더 깊이 받아들일 수 있게 된다. 시의 발화 역시 그렇다. 좋은 시의 발화는 이렇게 타자와 나의 심정적 거리가 잠시 좁혀지는 지점에서 성공적인 미감을 전해준다고 믿는다.

요약하자면 매우 간단한 말일 것이다. 따듯한 말 한마디가 감동을 준다, 라고 말하면 된다. 그러나 '따듯함'과 '감동'은 추상적이며, 그것들이 어떻게 발생하고 작용하는지에 대한 과정이 시에서는 훨씬 더 중요할지도 모른다. 단순한 감상만으로는 충분히 이야기할 수 없는 감정들이 존재하기 때문이다.

최병철 시인은 첫 시집을 통해 물리적 거리와 심정적 거리를 겹쳐 놓으며 그 간극 안에서 심상을 풀어낸다. 앞서 기관사가 발화의 태도를 통해 감정을 전달한 것처럼, 시인은 화자의 위치를 정확히 인지한 상태에서 대상을 관찰한다. 사실 관찰하는 대상이 있다는 것은 관찰자이자 화자의 위치가 있다는 뜻과 같다. 관찰자가 대상과의 거리를 정확히 인지하고 있지 않다면 좋은 묘사와 진술이 어려울 것은 자명하다.

아직은 지구에 더 머물겠다는 딸아이를 대기권 밖으로 쏘아 올렸지요 허공으로 치솟아 오르던 딸아이는 두고 가는 것이 있는지 자꾸만 뒤를 돌아보았지요 못내 빈손이 아쉬워 뭐라도 쥐어주려 했지만, 미리 장착된 강력한 로켓은 아이의 눈빛을 빠르게 거두어 갔지요

 솟아오를 때 들려오던 바람 소리와 마찰열로 한동안 교신에 실패했지요 질량을 느끼지 못하는 지점에 이르러 궤도를 수정하고 자리를 잡은 아이는 지구를 축으로 빙글빙글 돌기 시작했지요 가족들의 공전 주기와 아이의 자전 주기가 같은 적도쯤에서 정지위성이 되어 그리움을 전송하기 시작했지요

 상공에서 보는 지표면은 한동안 달달하고 푸르고 아름답게 보이겠지만 다 전하지 못한 말들은 구름을 만들어 지구를 향해 비를 송신하곤 했지요 그 빗속에는 천둥과 번개가 섞여 있었고 그 아득함 너머로 수신된 뉴스는 원심력을 주체하지 못해 궤도를 이탈한 위성들 이야기로 성층권을 채우고 있었지요 하늘이 열릴 때마다 우리는 아이가 우주의 미아가 될까 봐 늘 안테나를 높이 세워두고 있었지요

 긴 꼬리를 가진 혜성이고 되고 싶어 했던 아이는 홀로 콩나물국밥으로 저녁을 때우면서 우주인이 되어갔지요 지구의 중력으로 적당한 거리를 유지하면서도 무중력 상태의 그리움을 자해하는 날이 늘어만 갔지요 우주에서 살아남는 방법은 중력

을 다스리는 것이라 말하던 아이가, 지구를 벗어났다고 생각했을 때 우리 곁에 머물고 있다는 것을 알았지요

—「인공위성」 전문

시인은 성인이 된 딸이 멀리로 유학 가는 것을 '대기권 밖으로 쏘아 올'린 것과 같은 상태로 인식하고 있다. 과학의 발달로 손가락을 몇 번만 누르면 언제든 얼굴을 볼 수 있고 목소리를 들을 수 있는 시대이다. 그래서 심리적 거리는 가깝다고 느낄 수 있으나 실제로는 아주 먼 곳에 존재하고 있는 혈육은 그리움을 더 간절히 느끼게 한다. 인공위성처럼 저 멀리에 존재하고 있다는 것을 알고는 있지만 지상에 있는 화자와는 영영 다른 층위에 머물 것이다. 딸은 홀로 장성해서 가족의 품을 떠났다. '지구를 벗어났다고 생각했을 때 제자리에 머물고 있다는 것'을 비로소 인정할 수밖에 없게 된다. 아버지인 나와 딸은 이제 지구와 인공위성처럼 헤아리기 어려운 거리감이 발생했음을 안다. 딸은 '홀로 콩나물국밥으로 저녁을 때우면서 우주인이 되어'가는 것을 멀리서 지켜봐야 할 운명이다. 멀리 도시로 딸을 떠나보낸 아버지의 심정과 실제 물리적 거리감은 시인이 하늘을 바라볼 수밖에 없게 만든다. 품에서 떠나 영원히 독립을 하게 된 자식은 실제로도 감각적으로도 저 멀리 떠 공전하는 인공위성과 같다. 좋은 시편은 감정의 정경과 실제적 정경이 절묘하게 겹치면서 미감을 발생시킨다.

인간은 대부분의 삶을 지상에서 보낸다. 지상의 높이를 가늠할 때 해발 고도, 혹은 표고를 기준점으로 삼는다. 약간의 고저 차가 있겠지만 우주비행사나 비행기와 관련된 직업을 가진 사람 외에는 모두 지상에 발을 붙이고 살고 있다. 시인은 지상에 붙박인 삶의 비의를 깊게 응시하고 있다. 그 연원을 추적해 보자면 우선 시인의 등단작인 「꽃게」에서 시작해 보면 좋을 것이다.

> 장손은 섬이었다
> 할아버지가 펼쳐놓은 바다에 담겨 있던 당신
> 잠시 뭍에서 맡은 쇠 냄새만
> 해안선을 따라 옆으로 옆으로 맴돌고 있었다
> 바다의 모퉁이에 헐렁하게 용접되어 있었지만
>
> …(중략)…
>
> 배를 수평선 바깥으로 몰아 마지막 항해를 시작하지만
> 집게발이 파도를 물고 놓지 않는다
>
> ―「꽃게」 부분

시인이 펼쳐놓은 조부로부터 내려온 집안의 내력은 '바다의 모퉁이에 헐렁하게 용접되어 있'는 것 같은 수평적 세계이다.

벗어나기 어려운 생활의 중력 아래 우리는 노동의 터전을 쉬이 바꿀 수 없다. 할아버지부터 내려온 아버지의 삶은 꿈을 포기하고 바다를 터전으로 삼을 수밖에 없었을 것이다. '배를 수평선 바깥으로 몰아 마지막 항해를 시작하지만/ 집게발이 파도를 물고 놓지 않는' 꽃게와 같은 삶을 오래 바라보고 자란 시인은 이 도저한 수평의 삶에 예민하게 반응했을 것이다. 해발 고도의 삶에서 바다로 나아가는 일은 심지어 '부력'이 없다면 더욱 위험천만했을 일생이기 때문이다. 자신의 집안을 오래 생각하고 쓴 '장손은 섬이었다'는 진술은 그래서 아릿한 힘을 가지고 있다. 쉽게 드나들기 어려운 저 수평의 공간에서의 고립으로 가족을 지탱해 온 한 가장의 내력을 우리는 시인의 문장을 통해 관통한다.

　최병철 시인의 관찰은 그래서 중력과 연관이 깊다. 아마도 종천지통終天之痛에 관한 시편으로 보이는 시편에서, '질량을 버린 당신을/ 외투로 인식'하는 시인은 부재의 무게를 발견한다. 떠난 당신을 떠올리며 지상의 삶이 중력에 사로잡혀 있음으로 비의悲意가 발생한다는 사실을 발설한다. 사랑하는 이가 떠난 것은 고통이다. 그러나 시인은 '무게를 가지지 않은 것들은 산화酸化하지 않는다'고 말하며 당신의 부재를 조심스럽게 긍정한다. 남겨진 물품은 가벼워진 이의 삶을 '주머니 깊숙이 접혀 있던 온기와/ 아직도 남아 있는 당신이라는 냄새'로 기록하게 한다.

지상에서의 삶이 중력에 사로잡혀 있음을 아는 시인은 유난히 하늘을 오래 관찰한다. 그래서 그런지 시집 전체에서 '구름'이 매우 자주 발견된다. 최병철 시인은 육체가 사로잡힌 지상의 삶에서 상상력은 중력을 벗어나려는 중요한 의지임을 주장하는 듯하다. 표제작인 「인공위성」에서 딸의 생이 저 하늘 위로 올라간 것도 깊은 관련이 있을 것이다. 직접적으로 관찰한 사실이 아닌 상상력을 통해 감각적 전언을 구사하려는 경우 시인은 수평적 시선과 수직적 시선을 구분 짓는다.

시인은 수평적 세계에서 대부분 기착지寄着地 위에 놓여 있다. '길을 구부려 허리를 졸라매고 사는 날들의 저녁 위'(「내비게이션」 부분)에 놓여 있거나 '어둠이 빛을 운전한다는 사실을' 깨닫는 '어둠이 운전대를 잡는 밤길'(「인터체인지」 부분)에서 사유하고 있다. 목적지에 가 닿기 위해 열심히 이동하지만 땅 위에 발붙이고 있어도 흔들리는 존재가 있다. 시인에게 지상은 중력으로 짓눌려 있는 데다 멀미를 일으키는 곳이다. '세상의 자전에 대항하다 중심을 잃고/ 바다에 엎어진 채/ 다시는 파도 위로 몸을 밀어 올리지 못했'(「멀미」 부분)던 한 생의 마감을 그려놓는다. 그렇다. 우리는 대부분 이 땅에서 멀미를 앓다가 죽을 것이다.

시인은 시편들 안에서 삶의 내력을 드문드문 비치며 회한을 펼쳐놓는다. 그러나 이러한 회한이 단순한 넋두리로 머물지 않는 이유 또한 중력과 관련된 문제로 해석할 수 있다. 앞서 시인이 수평적 세계의 위상位相을 예민하게 파악하고 있다는 사실을 인식할 수 있었다. 그리고 그와 함께 시인이 파악한 위치를 더 면밀히 살펴본다면 시간의 개념이 포함되어 있음을 알 수 있다. 공간을 그 자체로만 인식할 수 없고 공간과 시간이 결합한 시공간時空間 개념이 바로 시편에서 중요한 역할을 한다. 같은 하늘 아래 같은 시간을 겪고 있다고 해도 우리는 동일한 감각을 공유하기 어렵다. '어둠이 빛을 운전한다는 사실을 우리는 안다'(「인터체인지」 부분)는 시인의 빼어난 인식이 담긴 문장은 시공간 안에서 길을 잃었지만 최선을 다해 도달하려 노력하는 태도에서 나온 산물일 것이다. 그러나 먼저 이 수평의 세계를 한없이 떠돈 입장으로 아직 어린 시간을 살아가는 사람을 바라볼 수 있는 시선이 존재한다.

알을 낳지 않는 뻐꾸기는 폭력을 편애한다고 가정하자

아빠 바쁜데 얼른 가
구름의 문장을 너무 빨리 해독한 탓에 꽃을 건너뛰고 열매가 된 아이가 무딘 손가락으로 콧구멍을 찌른다 하마터면, 꽉 깨물지 못한 어금니가 오타를 찔끔 흘릴 뻔했다

구름이 떼로 몰려다닌다는 졸업식도 옛말이더라 닫아 둔 커튼 앞에서 아이들은 가그린 한 이빨을 풀어내며 오리발을

챙기고 있더라 오히려 지느러미가 없어 다행이란 생각이 들 정도로 화창한 날씨였다니까

아비 염장에 뿌리내린 바람은 구두를 어디에 벗어두는지가 점점 궁금해질 때쯤 나뭇잎에 낙서하고 꽃의 목구멍에 작대기를 밀어 넣어 울음을 마구 후려친다 맺히기도 전에 떨어진 열매도 열매더라 구름이 엉덩이 주사처럼 왔다 가더니 요즘은 머물다 가는 시간이 자꾸 길어진다

꽃다발을 벌리고 교문을 빠져나오는 순간, 구름의 솔기 끝에 매달려 있던 여우비는 그치고 꽃집 안으로 프리지어 한 다발 쑥 들어온다

유레카, 부러진 날개로 만든 꽃다발이 있어요
구름의 분비물을 뒤집어 써보니 알겠더라
—「실버라이닝」 전문

시편의 제목인 실버라이닝은 영어권의 속담인 'Every cloud has a silver lining'에서 나온 말일 것이다. 어떤 구름도 뒤편에서는 은빛이 있을 것이다. 언뜻 보면 비관적인 사건일지라도 잠재한 희망을 이야기하는 속담이다. 화자는 '구름의 문장을 너무 빨리 해독한 탓에 꽃을 건너뛰고 열매가 된' 웃자란

딸의 졸업식에서 딸과는 다른 시공간 아래에 놓여 있다. 이미 시간을 통과한 자의 풍경과 이제 막 당도한 딸의 풍경은 사뭇 다를 것이다. 수많은 가능성을 품고 있는 미래와 그 미래에 예정된 역경과 슬픔을 감지한 자의 풍경이 엇갈린다. '맺히기도 전에 떨어진 열매도 열매'임을 알고 있는 화자는 '꽉 깨물지 못한 어금니가 오타를 찔끔 흘릴 뻔' 하기도 한다. 알고 있지만 말할 수 없는 삶의 흐름 같은 것들이 있다. 졸업은 끝이 아니기 때문이다. 그렇기 때문에 졸업식 날 내리는 '구름의 분비물'은 기쁨과 슬픔을 동시에 전해준다. 희망과 절망이 동전의 양면처럼 붙어 있음을 발견한다. 조부로부터 내려온 수평적 과거에서 한 번의 도약이 존재한다. 어렴풋이 감지할 수 있으나 아직 오지 않은 미래가 있다. 시인의 수직적인 인식으로 '부러진 날개로 만든 꽃다발'을 우리는 찬찬히 들여다 볼 수 있게 된다. 시인은 시인 자신의 가계를 시공간의 개념으로 파악하며 섬세하게 펼쳐놓고 있다. 물리적 공간의 중력 아래에서 중력은 법칙이지만, 자유를 갈망하는 자에게는 형벌이기도 하다.

 또한 시간의 불가역성 역시 중력과 관련이 있다는 사실을 주지할 필요가 있다. 어떤 공간이든 우리는 다시 그곳으로 돌아갈 수 없다. 동일한 귀환 장소가 있다고 하더라도 그곳은 정확히는 다른 시공간이다. 내가 감각했던 그곳은 이제 기억 외에는 존재하지 않는 곳이다. 그러나 한없이 그 기억과 닮은 공간이 있을 뿐이다. 어쩌면 기술이 발달한 현대사회에서 빠른

속도의 이동 수단에 몸을 실어 달려 어딘가 도착하는 삶은, 우리의 영혼이 제시간에 도착하기 어려운 시간을 자꾸 요구하는지도 모른다. 몸과 마음의 시차는 인간을 자꾸 흔들리고 고통스럽게 한다. 이러한 비의를 발설하는 것이 독자에게 미감을 전해주는 이유는 현상을 관찰하고 기록하는 시인의 태도 덕분이다. 동질성 아래에 내재한 차이를 문장을 통해 현현顯現시키는 작업이야말로 시를 읽고 쓰는 이유가 아닐까 한다. 타자의 감각을 이해하려 시도할 때 자아는 잠시 사라지기도 하지만, 그 사라지는 자리에도 좌표는 기능한다. 시는 '나'라는 자아를 녹여내 그 빈자리에 좌표를 두고 독자를 초대한다. 시간은 미래로 흐르고 영원히 독자는 과거로 도착할 것이지만, 후회하면서 타자로 나아가려는 시인 앞에서 시차時差와 시차視差가 있음을 알게 된다. 감정은 개인으로부터 출발해 결국 타자에게로 향하지만 우리는 그것을 제대로 받아 이해했는지는 알 수 없다. 계량計量할 수 없는 감정을 우리는 읽고 쓰고, 말하고 듣는다. 이 행위를 거부한다면 오히려 고요한 삶을 살 수도 있을 것이다. 그러나 시인이 되어버린 존재는 고요보다는 동요에 가까워질 수밖에 없다. 회한과 혼돈 아래에서 시인은 시를 쓴다. 시끄러운 마음의 '소리로부터 자유로워져야/ 소리가 나를 놓아줄 거라 의사가 말한다'. 그러나 시인은 알고 있다. '가끔은 소음이 죽음을 건널 수 있다는 생각'(「이명」 부분)으로 제 몸을 울림통으로 사용하는 것이다. 이곳에서 발생하는 소음은 시인의 주도 아래 수평과 수직의 시선 사이에서 리듬으로 발생하고 있다.

| 최병철 |

경남 남해 출생. 2017년 『경남신문』 신춘문에 당선.

이메일 : choebych@hanmail.net

현대시 기획선 084
인공위성

초판 인쇄 · 2023년 4월 25일
초판 발행 · 2023년 4월 30일
지은이 · 최병철
펴낸이 · 이선희
펴낸곳 · 한국문연
서울 서대문구 증가로 31길 39, 202호
출판등록 1988년 3월 3일 제3-188호
대표전화 302-2717 | 팩스 · 6442-6053
디지털 현대시 www.koreapoem.co.kr
이메일 koreapoem@hanmail.net

ⓒ 최병철 2023
ISBN 978-89-6104-333-5 03810

값 12,000원

* 경상남도, (재)경남문화예술진흥원 후원

* 잘못된 책은 바꾸어 드립니다.